www.ingramcontent.com/pod-product-compliance
Lightning Source LLC
Chambersburg PA
CBHW081650220526
45468CB00009B/2609
* 9 7 8 1 7 2 3 9 0 5 1 9 3 *